PROJET

D'UNE FÊTE NATIONALE,

Pour être exécuté le 14 Juillet 1790,
Anniversaire de la prise de la Bastille.

DÉDIÉ

AUX CITOYENS PATRIOTES.

AUX CITOYENS PATRIOTES.

MESSIEURS,

LE courage que vous venez de déployer, l'heureuse influence qu'il doit avoir sur les destinées de la France entière, & l'approche de la fin de la Constitution, m'ont inspiré un Projet de Fête, pour être exécuté le 14 Juillet 1790, anniversaire de la prise de la Bastille; Projet qui seroit peut-être digne, par sa nouveauté, de l'importance de son objet.

La Mongolfiere est connue depuis six ans; mais la maniere dont je voudrois l'employer seroit absolument neuve, & de l'effet le plus imposant : j'en construirois une de quarante-huit pieds de haut, sur trente-cinq de diametre; elle représenteroit un Temple, décoré de colonnes, dont le dôme seroit en bleu d'azur, semé de fleurs-de-lys & d'étoiles;

A 2

entre chaque colonne seroit placé un médaillon, entouré de fleurs. Le milieu des
médaillons porteroit différens sujets & légendes, que j'expliquerai plus bas. On
peindroit, dans les deux principales façades,
au-dessous des médaillons, un autel, sur
lequel reposeroient des cœurs, brûlans du
même feu, qu'entretiendroit le Génie de la
France ; de l'autre côté, la Liberté jetteroit
des fleurs sur les marches de l'autel ; la
grandeur de la Mongolfiere permettroit
d'ailleurs d'y mêler aisément une foule
d'autres allégories convenables à la cir-
constance.

Ce seroit au Champ-de-Mars que je ferois
élever la Mongolfiere sur deux estrades
octogones. L'estrade inférieure seroit de douze
pieds de haut, décorée en rochers & troncs
d'arbres, peints, illuminés sur le devant par
des pots-à-feu, dont quelques rochers trans-
parens cacheroient la flamme. L'estrade supé-
rieure seroit de neuf pieds de haut, elle
représenteroit une platte-forme octogone,
sur laquelle on monteroit par quatre esca-
liers paralleles sur les quatre faces ; entre
chaque escalier seroient peints quatre sujets
de seize pieds de long sur cinq de haut,
imitant le relief en bronze.

Le premier repréfenteroit les Citoyens de Paris, fortant des Invalides avec l'artillerie qu'ils y font allés chercher (1).

Le fecond, l'affaut & la prife de la Baftille, par les Citoyens & les Gardes-Françoifes.

Le troifieme, la France demandant au Roi le rappel de M. Necker & de M. de Montmorain, Minerve couvrant le Roi de fon égide, repouffe la difcorde, qui prend la fuite avec les Troupes étrangeres que l'on appercevroit dans le lointain.

Le quatrieme, l'entrée du Roi dans Paris, le 17 Juillet, reçu par les Citoyens armés, & le Peuple qui lui témoigne fon amour & fa joie.

Aux angles de la platte-forme feroient placées des ftatues allégoriques, repréfentant les trois Ordres de l'Etat.

Aux angles de l'eftrade inférieure, qui feroit en rochers, feroit un trophée, compofé des différentes armes, dont les Citoyens de Paris étoient armés le 13 & le 14 Juillet, comme faulx, croiffans, fourches, fabres à dents de fcie, cuiraffes, boucliers, armures

_____

(1) Il eft à remarquer que ce fut à cinq cents pas d'un camp de quatre mille hommes de troupes étrangeres.

A 3

pertuifannes , &c. mêlés avec les armes
ordinaires , comme fufils, canons, mortiers,
drapeaux , guidons & étendards. Dans le
milieu de ladite eftrade, vis-à-vis les efcaliers
de la platte-forme , & en face du bâtiment
de l'Ecole - Militaire, il y auroit un groupe
de figures affez confidérable près d'un autel ,
fur léquel feroit le bufte du Roi. Dans le
panneau de l'autel feroit écrite cette légende ,
entourée de rayons lumineux : ASSEMBLÉE
NATIONALE , le 17 JUIN 1789. Autour &
contre les marches de l'autel feroient plufieurs boucliers, fur lefquels feroient écrits
les noms de MM. Bailly, Camus , Pifon du
Galant , Target , Mirabeau , Barnave ,
Chapelier , Touret , Guillotin , Garrat ,
Rabeau de Saint-Etienne , Péthion de Ville-
neuve , &c. La France, qui feroit au haut
des marches de l'autel , & qui fe trouveroit
par conféquent auffi environnée de ces mêmes
boucliers , inviteroit plufieurs Génies d'y
venir de même dépofer les leurs. Sur ces
différens boucliers, que ces Génies s'empref-
feroient d'apporter , l'on y veroit les noms
de MM. le Franc de Pompignan , de Cicé,
de Tailleyran , de Liancourt , Clermont-
Tonnerre, la Rochefoucault, Montmorenci,
Crillon, la Fayetté, Cuftine, Montefquiou,

(7)

Fréteau, Duport, &c. La Remommée courant devant eux, fonneroit de la trompette, fur l'étendard de laquelle feroit écrit : Réunion des trois Ordres, le 27 Juin 1789. De chaque côté feroient un fleuve & une riviere, qui offriroient leur hommage. Derriere l'autel, fur le médaillon, entre les deux colonnes du Temple, on liroit cette légende : La Constitution achevée le . . . . Dans la corniche au-deffus, fur un marbre noir, feroit écrit en lettres d'or : La Loi et le Roi.

Du côté oppofé, en face de la riviere, il y auroit de même un groupe de figure, repréfentant la ville de Paris, affife fur un vaiffeau, dont on verroit le côté du gouvernail ; elle tiendroit de la main droite des lauriers & des médailles en lozange pour les Gardes-Françoifes, & de l'autre (pour fervir d'allégorie aux foixante Diftricts) elle tiendroit, appuyé fur fon cœur, un faifceau de foixante lances, furmontées de couronnes de lauriers. Un Génie, tenant un médaillon où feroit le chiffre de M. Bailly, feroit du côté du gouvernail du Vaiffeau. De l'autre côté, il y auroit un Génie en cafque, tenant une épée d'une main, & de l'autre un bouclier, fur lequel feroit le chiffre de M. la Fayette;

A 4

au pied de la Ville, un fleuve & une riviere lui offriroient leur hommage ; derriere
ce groupe de figure, dans le médaillon, entre
les deux colonnes du Temple, & audessus
de l'Autel, où le Génie de la France,
comme j'ai dit ci-dessus, entretiendroit le
feu, seroit le portrait du Roi. Dans la corniche au-dessus, sur un marbre noir, on
verroit la légende : PRO REGE ET PATRIA.

Du côté du Gros-Caillou, il y auroit un
tableau soutenu par plusieurs Génies, Amours
& Zéphirs, qui, se réjouissant, s'empresse-
roient à l'envi de l'orner de couronnes &
guirlandes de fleurs ; il représenteroit le Roi,
la Reine, Monseigneur le Dauphin, Madame
premiere, & Madame Elisabeth à une des
fenêtres de l'appartement de cette aimable &
sensible Princesse ; au-dessous, une inscription
qui en rappelleroit la date & les circons-
tances (1) ; dans le médaillon, derriere, sur le

_____

(1) Tous les Papiers Publics ont passé bien légérement
sur cette anecdote, cependant des plus intéressantes ; je
saisis l'occasion de la raconter telle que je l'ai vue.

Le 7 Octobre, lendemain de l'arrivée du Roi à Paris,
sur les neuf heures & demie du matin, par un très-beau
temps, j'étois dans la cour royale avec environ trente
autres personnes. Les fenêtres du nouvel appartement de
Madame Elisabeth, qui est au rez-de-chaussée, étoient

Temple, feroit le chiffre de la Reine, compofé de lys & de rofes, avec un Dauphin
dans le milieu, une couronne au deffus.

Du côté de la plaine de Grenelle, le groupe
de figures repréfenteroit plufieurs Villes, qui,

---

ouvertes; quelques perfonnes l'ayant vu aller & venir,
l'applaudirent; la Princeffe s'appercevant de ces applaudiffemens, vint faluer affectueufement, & rentra; mais
toutes les fois qu'on la voyoit, les applaudiffemens re-
doubloient. Elle revint, & dit, avec un fourire plein de
bonté, aux perfonnes qui étoient auprès de la fenêtre:
Vous aimez toujours bien le Roi. VIVE LE ROI, vi-
vement répété fut la réponfe. *Voulez-vous voir la Reine,
je l'irai chercher,* on applaudit; *cela vous fera plaifir,*
dit la Princeffe, *cela en fera beaucoup à la Reine, elle fera
enchantée.* Elle part rapidement, un inftant après elle re-
vient avec joie nous annoncer la Reine. Les plus vives
acclamations furent les remercîmens; cette bonne Princeffe
eft venue plufieurs fois dire de prendre patience, &
même a envoyé prier la Reine de fe rendre aux em-
preffemens du Peuple; Des Dames de la Halle, qui
étoient à la grille de l'efcalier de la Reine, font accou-
rues, &, ayant défiré avoir les premieres places, qu'on
leur a cédées très-poliment, elles fe font mifes contre la
fenêtre; je me fuis trouvé alors plus éloigné, & je n'ai
plus pu entendre diftinctement ce que la Princeffe difoit;
mais fes geftes & fon maintien peignoient la plus grande
fenfibilité. La Reine eft venue, fuivie de Madame Premiere, avec l'air du plus grand empreffement; & pa-
roiffant en peine de l'endroit où il falloit aller, Madame
Elifabeth l'a conduite à la fenêtre où on l'attendoit avec

marchant fur la haine, l'envie & la difcorde,
viendroient aux pieds de la France mettre
leur offrande patriotique ; derriere ces figures, dans le médaillon, fur le Temple,
il y auroit une infcription qui rappelleroit

---

impatience. Sa Majefté a placé fon augufte fille fur la
fenêtre, l'a embraffée, & a voulu parler : les cris de
VIVE LA REINE, mêlés d'applaudiffemens, l'ont re-
tardée ; mais enfin faifant figne de la main, elle a dit
des chofes dont ceux qui étoient près furent très-contens.
Sa joie paroiffoit diminuée de ce qu'elle s'appercevoit
que les Citoyens, plus éloignés, tenant leurs chapeaux
en l'air, ne pouvoient pas l'entendre. Le Roi apprend
que fon époufe s'eft rendue aux vœux des Citoyens,
il arrive avec le Dauphin, le place entre la Reine &
lui, & parle avec tant de bonté à ceux qui font auprès de
lui, que les acclamations de VIVE LE ROI font fans
interruption. La Reine parle enfuite, cherchant à fe faire
entendre de tous. Les cris de VIVE LA REINE fuccedent.
LOUIS XVI, bon Roi, bon pere, bon époux, ne peut
plus retenir fes larmes, &, pour les cacher, il embraffe
le Dauphin ; Madame Elifabeth fe tenoit derrierre Madame
Premiere ; & fembloit vouloir laiffer tous les empref-
femens du Public à fon augufte frere, à fon époufe
& à leurs aimables enfans. Une fcene auffi attendriffante
a interrompu les acclamations ; ceux qui étoient préfens
étant oppreffés par les larmes & l'attendriffement, plufieurs
voix fe font écriées : Qui pourra nous rendre un pareil
tableau, qu'il eft attendriffant.

Ah ! fi j'étois un Ménageot, un David, quel beau
tableau je ferois occupé à exécuter.

la date de la premiere offrande de bijoux
faite à l'Assemblée Nationale par vingt ver-
tueuses Citoyennes. Dans les huit autres médaillons , seroient plusieurs légendes pour
rappeller différentes époques heureuses comme
la premiere , *procession des Etats-Généraux le
4 Août* 1789 ; la seconde , *Bureau permanent
des quatorze* ; la troisieme , *le 15 Juillet , arrivée
des Députés de l'Assemblée Nationale , qui appor-
tent au Peuple la lettre du Roi* ; la quatrieme ,
le 30 Juillet , arrivée de M. Necker à Paris ; la
cinquieme , *décrets de l'Assemblée Nationale dans
la nuit du 4 au 5.e Août* ; la sixieme , *premier
don fait par le Roi de six mille fusils à la Garde
Nationale , & la date de son arrivée à Paris* ; la
septieme , *premiere séance de l'Assemblée Nationale dans la salle de l'Archevêché à Paris* ; & la
huitieme , *arrêté & adresse d'une Société An-
glaise à l'Assemblée Nationale.*

Au bas & autour de la Mongolfiere , on
placeroit cinq cents chandelles romaines qui
seroient allumées au moment de l'ascension,
ce qui , avec les trente-cinq pieds de diametre de la Mongolfiere , formeroit un soleil
de plus de cent quinze de diametre , les chandelles romaines poussant pour le moins leur
flamme à quarante pieds au loin. Le dessous de
la Mongolfiere se trouveroit être le centre de ce

grand foleil, auquel feroit adapté un VIVE
LE ROI en feu de lances ; les lettres, fuivant
les proportions, auroient quatre pieds de
haut ; les lances qui compoferoient le *vive
le Roi* finiffant leur feu, le communique-
roient à trois fleurs-de-lys, de même en feu
de lances ; elles repréfenteroient les armes de
France dans des rayons lumineux : fuivant les
proportions, elles auroient chacune douze
pieds de haut, ce qui cacheroit un réchaud
conftruit de la maniere fuivante.

Il feroit conftruit de façon que la Mongolfiere, en fe dégonflant, ne pourroit jamais
toucher le feu, & que les charbons, ni même
les étincelles, ne pourroient jamais, en tom-
bant du réchaud, être dans le cas de mettre
le feu fur des chaumieres, champs ou bois,
parce qu'on pratiqueroit, en deffous & au
côté du réchaud, trois grilles diftantes d'un
pied l'une de l'autre, ce qui briferoit les
étincelles & les empêcheroit de paffer. D'ailleurs, Meffieurs, j'offre de prouver par une
petite Mongolfiere, conftruite pour modele,
avec un réchaud pareil, qu'une fois en l'air,
la faifant tourner & tomber fur de la paille,
ou autre chofe de plus combuftible, le feu ne
fe mettra ni à la Mongolfiere, ni fur la ma-
tiere combuftible où on l'aura fait tomber.

Cette Mongolfiere produiroit un spectacle d'autant plus agréable, qu'étant construite dans un chantier, on n'est pas préparé à l'effet qu'elle rendra, comme on l'est par les édifices en bois & peint, qui ne se construisent qu'avec un temps considérablement plus long que la jouissance de son entiere exécution; &, au surplus, gonfler une pareille Mongolfiere étant par soi-même un spectacle très-curieux, les Citoyens seroient avertis des heures auxquelles elle seroit gonflée.

Pour la fête que je propose, & qui sera publique, voici de quelle maniere on pourroit disposer les choses. Dès le grand matin, on apporteroit du chantier la Mongolfiere, on prépareroit tout pour qu'elle fût prête à être gonflée à neuf heures du matin au bruit de l'artillerie; &, dans l'intervalle des décharges, une musique nombreuse, placée autour de la Mongolfiere, pourroit jouer l'air : *pour un Peuple aimable & sensible, le premier bien est un bon Roi*, ceci feroit l'ouverture de la Fête, & pourroit être répété à une heure & à cinq heures après midi, pour varier les plaisirs dans le courant de la journée. Il y auroit, en face du Champ-de-Mars, sur la riviere, une joute des plus nombreuses, re-

préfentant la prife de la Baftille - & fa dé-
molition. Seroient auffi placés des Muficiens
dans deux amphithéâtres adoffés l'un à droite
& l'autre à gauche de la grande porte du
bâtiment de l'Ecole Militaire. La Mongolfiere pourroit être entourée de la Garde Nationale , formant bataillon quarré , & ayant
beaucoup d'inftrumens de guerre.

Pour terminer la Fête , lorfqu'il feroit nuit
clofe, on gonfleroit la Mongolfiere pour la
lancer ; & ce que l'on auroit vu peint dans
le jour , paroîtroit tranfparent ; de plus , ce
grand foleil , au milieu duquel on verroit le
VIVE LE ROI fuivi des trois fleurs-de-lys,
feroit la plus belle chofe que l'on auroit
pu voir en l'air. Dans le moment de l'af-
cenfion , la mufique qui feroit toute réunie,
& alors placée dans les amphithéâtres dont
j'ai parle ci-deffus , répéteroit plufieurs fois
le refrain d'une ariette dans le Déferteur :
VIVE LE ROI, VIVE A JAMAIS, VIVE LE
ROI.

MESSIEURS, comme l'emplacement que
je propofe eft tres-vafte , cette Fête eft fuf-
ceptible d'être variée de différentes manieres :
fi vous daignez agréer mon projet , j'aurai
l'honneur de vous faire part d'autres idées

que j'ai pour rendre cette Fête agréable &
brillante, & proüver mon zele.

Préſenté par GONCHON, *Deſſinateur.*

P. S. Cette petite brochure étant ſignée
& paraphée, ſervira de billet d'entrée pour
voir l'expérience du modele dont il eſt parlé
ci-deſſus ; quoiqu'en papier, il eſt peint &
tranſparent, & repréſente un Temple décoré
en colonnes & médaillons ſur leſquels ſont
alternativement le chiffre du Roi, pluſieurs
légendes à ſa louange, les armes de la Ville,
le chiffre de M. Bailly, au-deſſus duquel
eſt une couronne d'étoiles, & le chiffre de
M. la Fayette avec une couronne de lauriers ;
enfin il ſera par lui-même curieux à voir, puiſ-
qu'il a vingt-deux pieds de haut ſur quinze
de diametre, & qu'il enlevera un ſoleil en
artifice, qui aura plus de cent pieds de diametre. Je fais graver actuellement le deſſin
de la grande Mongolfiere, élevée ſur les deux
eſtrades avec les ſtatues, bas reliefs, trophées
& autres ornemens : le bénéfice de cette
gravure ſera pour la conſtruction de ladite
Mongolfiere qui ſera en toile. Les perſonnes
qui acheteront la gravure, recevront un billet
en carton qui leur ſervira d'entrée pour voir

toutes les expériences qui se feront , & qui prouveront que cette grande Mongolfiere est incombustible par la maniere dont sera construit le réchaud. La souscription de la Fête, c'est-à-dire, pour les frais des deux estrades de l'artifice & de la joute , &c. ne sera ouverte que lorsque les Citoyens seront entiérement satisfaits de toutes les expériences.

Alors ceux qui désireront souscrire pour la Fête, enverront leurs souscriptions à MM. les Auteurs du *Journal de Paris*, qui en annonceront le montant & le nom des personnes , si elles le désirent. Les susdites sommes seront envoyées à MM. du Département de Police , qui , j'espere , voudront bien s'en charger ; & en garder la moitié pour la distribuer aux pauvres ; ce qui sera employé pour la fête , ne sera délivré , par ces Messieurs , que sur des comptes bien exacts des dépenses ; de sorte que plus les souscriptions seront abondantes , plus la Fête sera belle , & plus il y aura de malheureux secourus.

Permis d'imprimer , *ce* 9 *Décembre* 1789.
Signé , MANUEL , *Administrateur.*

De l'Imprimerie de Vᵉ HÉRISSANT, rue Neuve-N.-Dame.